SUR LA LOI

CONTRE LES

ASSOCIATIONS.

Boudon, imprimeur, rue Montmartre.

SUR LA LOI

CONTRE LES

ASSOCIATIONS,

Par Latour (de Saint-Ybars).

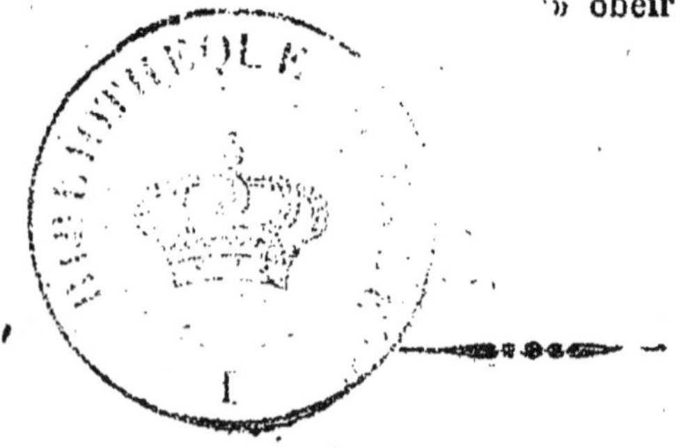

> « Je désobéirai à votre loi pour
> » obéir à ma conscience. »
> PAGÈS, *de l'Ariège.*

PARIS.

PAULIN, LIBRAIRE, PLACE DE LA BOURSE.

—

1834.

SUR LA LOI

CONTRE LES

ASSOCIATIONS[1].

On s'étonnera peut-être qu'un jeune homme, alors qu'il jette pour la première fois son nom dans le monde littéraire, ose aborder une question aussi grave que celle des associations; on aura tort : il y a dans mon œuvre quelque chose de plus grave que dans un essai littéraire. Je ne viens pas ici faire preuve de talent, je viens défendre mes droits; je n'ai pas la prétention de *faconder* sur une loi votée, je viens en démontrer les funestes conséquences, et pour cela tout citoyen est assez homme de lettres. La critique est bonne avec ceux qui écrivent par besoin de spéculation ou de vanité, et qui, toujours la plume à la main, n'ont pas toujours une idée dans la tête; mais l'indulgence est acquise de droit à ceux qui sont obligés d'écrire quand ils pensent et font de leur ouvrage une affaire de conscience et non un calcul de pur intérêt. Oui, je puis exposer mes pensées sur le grave sujet qui nous occupe, sans offrir à mes lecteurs l'autorité d'un nom déjà

---

(1) Cette brochure devait paraître le 15 avril. Mais les scellés ayant été apposés sur les presses de M. Mie, à qui l'impression en avait été confiée, la publication de cette œuvre, toute de circonstance, a dû éprouver du retard.

fait ou l'expérience de longues études. Nos droits sont en nous-mêmes et dans notre position sociale; or, cette position sociale, je la connais, et j'ai le sentiment de ces droits, ce qui me dispenserait au besoin d'en exhiber la preuve.

Je n'appartiens à aucune association politique, je ne suis membre d'aucune société, si j'en excepte la société d'agriculture de mon département; mais il pourra me prendre envie d'entrer dans une association quelconque, littéraire, politique ou de bienfaisance. Que dis-je? chacun peut y être forcé par les exigences de la vie, et ce qui n'est qu'une faculté deviendra peut-être un besoin, un devoir même, selon les circonstances.

Les associations me semblent être l'unique remède au malaise social qui nous tourmente; l'avenir de la France et son salut sont dans le libre exercice de ce droit : telle est la vérité que je serais heureux de démontrer à tous avec la même évidence que je me la suis démontrée à moi-même. Oui, je voudrais inspirer à mes concitoyens la foi inébranlable que j'ai dans l'avenir. Est-il si difficile de croire en soi-même et de croire à la France? Une ère de bonheur et de gloire est devant nous si nous voulons aider au pénible enfantement des prospérités publiques; mais il ne faut plus compter sur un homme, plus compter sur des révolutions : la brutalité du fait et la tyrannie de 'homme nous ramèneraient aux siècles barbares. C'est sur nous-mêmes qu'il faut nous appuyer : je vais expliquer ma pensée.

Dans toutes les sociétés qui ont précédé la naissance du christianisme et dans quelques-unes de celles qui l'ont suivi, l'ordre politique absorbait presque entièrement l'ordre social. Les principes de morale et d'équité, les saintes lois de la famille, tous les devoirs des hommes entre eux, n'étaient pas assez universellement reconnus et sanctionnés pour en imposer aux gouvernemens. Ils modifiaient à leur gré les lois de famille, rien n'était indépendant de leur caprice, et l'homme tout entier vivait chétif et rabougri sous la main du tyran. De là cette diversité de mœurs selon les despotismes et les climats. La faiblesse de l'esclave a précédé la tyrannie du maître, sans doute; mais, plus tard, le maître a dominé l'esclave, selon ses bons plaisirs. Depuis que le christianisme a si bien réglé les rapports des hommes entre eux, lois de famille, principes de justice et d'humanité, l'ordre social est indépendant de toutes les révolutions, et la nature des choses veut que la stabilité et la force qui sont en lui réagissent tôt ou tard sur l'ordre politique qui semble avoir atteint le dernier degré de l'instabilité, partout où il se met en opposition avec lui. Le temps vient où les peuples inébranlables dans leurs mœurs et leurs lois verront avec indifférence tous ces changemens de dynasties qui les ont trop émus, et, certes, ils auront grandement raison. Les gouvernans sont tous les mêmes: avides d'or et de flatteries, jaloux d'un pouvoir qui ne nous profite en rien, ni l'exil, ni l'échafaud ne les corrigent : il ne faut plus les changer, il faut leur imposer la loi. Que l'homme placé sur le trône, quelqu'il soit, je ne le connais pas, jouisse de ses prérogatives royales, fût-il un monstre d'hypocrisie et de bassesse; mais aussi qu'on le renferme dans ses droits, quand même il serait grand par le génie et la vertu. La force et l'avenir de la France ne peuvent plus être dans un homme, empereur ou roi; il faut que ces prétendus représentans de la divinité commencent à devenir les nôtres. Nous.devons les restreindre, eux et leurs gens que nous payons, dans des attributions tellement gênantes pour l'arbitraire que le bien seul leur soit possible. Pour arriver à ce but, que faut-il faire? Organiser la force morale qui est immense dans la nation, mais qui demeure inerte, privée qu'elle est des moyens de se produire.

Le seul moyen légitime et efficace est dans les associations. Il est lent peut-être, mais il est sûr; il ne nous expose pas, comme les violentes secousses révolutionnaires, à reculer vers le despotisme et l'anarchie.

Je dois le dire franchement, les discussions de la chambre ont été bien au-dessous de la question, bien au-dessous de la dignité nationale. Je les trouve empreintes de tout ce qu'il y a de mesquin et d'insuffisant dans les personnalités, de tout ce qu'il y a de ridicule et de bas dans les petites passions de quelques individus. On a vu des hommes, préoccupés de leur position respective, ardens à s'accuser, diffus et ampoulés dans leur justification, se reprochant les uns aux autres le cynisme des apostasies, le parjure, la prostitution, la péur, la complicité avec la révolte. Oh! c'était un spectacle vraiment humiliant pour nous, et la France n'était pas là!

Voyons, en passant, ce qu'il y eut de plus irrationnel dans cette discussion.

M. Barthe déclare formellement, dans son exposé des motifs, que la loi est uniquement dirigée contre les associations républicaines; il s'indigne plus tard qu'on soupçonne le gouvernement d'attaquer les associations utiles, puis aussitôt arrive le texte de la loi qui proscrit en masse toutes les associations. Voilà qui est absurde.

M. Barthe, dans le cours de la discussion, confond, par ignorance ou mauvaise foi, les associations politiques de nos jours avec les clubs de 93. Il y a cependant une différence immense. Les clubs étaient des sociétés où se déversait le trop plein des passions révolutionnaires qui fermentaient dans la société d'alors. Le moyen d'existence de ces assemblées était la discussion, le but, la réforme immédiate du gouvernement, la révolte qu'elles proclamaient légitime. Les associations, au contraire, s'organisent sur un système de défense, elles ont une vie qui leur est propre, elles reposent sur des principes, elles sont plus qu'une négation de ce qui est. S'associer, grouper autour d'une idée le plus grand nombre possible d'individus, former une minorité imposante ou une majorité dont les chefs arrivent au pouvoir, c'est à la fois le moyen le plus légitime et le plus difficile de faire opposition au gouvernement. Alors qu'un parti qui veut la destruction s'organise, il se détruit. L'association est essentiellement morale, elle n'a aucun des inconvéniens de l'émeute. Celle-ci détruit pour reconstruire, l'association bâtit avant que de démolir; ces deux modes d'opposition sont incompatibles. Depuis les associations, les émeutes ont disparu. Et voilà ce qui déplaît peut-être à ceux qui nous gouvernent; parce que, avec une garde nationale amie de l'ordre, de bonnes troupes, une armée de sergens de ville et de l'or, on triomphe de vingt émeutes, tandis que les associations sont terribles pour un gouvernement qui n'a pas la majorité.

M. Barthe se justifie d'avoir été carbonaro : la restauration avait *soulevé le cœur* de cet homme délicat. Elle revenait de Waterloo, et, bien que M. Guizot, son honorable ami, lui fît escorte, il éprouve encore la même horreur pour elle. Eh bien ! je suppose que le gouvernement, qui ne vient pas de Waterloo, mais qui l'accepte, nous causât les mêmes répugnances à nous ; s'il nous effrayait par ses lois arbitraires, ne nous serait-il pas loisible, je ne dis pas de conspirer comme l'a fait peut-être M. Barthe, mais de nous associer pour prévenir les velléités de tyrannie et de restauration que manifeste la doctrine ?

Le ministre de l'instruction publique vient expliquer à son tour comme quoi son excellence a présidé, pendant la restauration, l'un des comités d'une association politique. Il s'applaudit hautement de sa conduite passée, et cela parce que la société dont il faisait partie a donné à la France de bonnes élections. Voilà qui est plaisant ! Est-ce que les associations d'aujourd'hui ne pourront pas remplir le même but, quoique M. Guizot n'en fasse plus partie ? Est-ce qu'une majorité corrompue n'est plus possible ? Enfin toute opposition est-elle inutile et criminelle depuis que ces messieurs protégent la France !..

Quelques bonnes ames croyaient embarrasser M. Guizot en lui rappelant l'opinion qu'il avait émise en 1830 sur l'article 91 du code pénal. Oui, répond le ministre philosophe, je pensais que cet article devait disparaître de nos codes, mais je n'ai pas dit quand..... Voilà de jolies petites restrictions mentales, et don Sanche Alvarès et le doux Molina ne disaient pas mieux.

Enfin, M. Guizot a la prétention de donner du neuf; cela

n'est pas possible, car son éclectisme philosophique s'y oppose entièrement. Ce qu'il y a d'inouï dans les persécutions qu'éprouve la presse, dans l'audace des assommeurs, dits officiels, les visites domiciliaires, la loi sur les associations que la restauration n'osa pas présenter, et les mauvaises plaisanteries du despotisme doctrinaire, motive peut-être, aux yeux du ministre, cet éloge qu'il veut bien se donner: en ce cas, il est d'une modestie effrayante.

Malgré tous ces vains raisonnemens, où la mauvaise foi se trouve mal abritée sous les formules parlementaires, son excellence le ministre du commerce a dépassé de beaucoup MM. Barthe et Guizot. M. Thiers est tombé dans des contradictions que l'on ne pardonne pas, dans un salon, à l'homme d'esprit le plus ordinaire. Ses aveux prouvent, jusqu'à l'évidence, que la conduite du gouvernement, lors des troubles de Lyon, fut très blâmable, surtout quand on la juge avec les principes politiques que la nouvelle loi contre les associations vient de proclamer. M. Thiers assure que le gouvernement n'a pas voulu s'immiscer dans la question du salaire. L'ouvrier, dit-il, est maître de ses bras, le fabricant est maître de ses capitaux. Eh bien! aussitôt que la division éclate entre la fabrique et l'atelier, que fait-il? Il dit aux fabricans d'avoir de la tenue, il leur conseille de ne pas céder. Quelle inconséquence! Le gouvernement a commis deux fautes graves : d'abord, il forme une association de fabricans contre les ouvriers, il réunit leurs volontés dans un même but, lui, qui vient proposer une loi contre les associations; après cela, il garantit sa protection aux fabricans, il leur conseille de ne pas céder, et dès-lors il rend impossible tout accommodement entre les

deux partis, il préjuge par cela même que le salaire est
suffisant.... Les fabricans, qu'il fallait simplement protéger
comme on protège tout le monde, auraient cédé peut-être
à de justes demandés, les deux partis auraient passé quelqu'acte de transaction qui aurait satisfait à tous les besoins;
mais l'intervention du pouvoir a rendu tout accommodement impossible. On conseille au fabricant d'avoir de la
tenue, de ne pas céder, il se tient ferme dans ses exigences
et les troubles ne sont qu'ajournés. Qui vous a dit, à vous,
M. l'économiste, que le salaire des ouvriers est suffisant ?
Ne savez-vous pas qu'ils sont doublement exploités et par
le fabricant et par le chef d'atelier ? Les ouvriers avaient
tort de s'assembler peut-être , ils ont mieux fait de s'associer. Votre tâche se bornait à leur faire déposer les armes;
mais conseiller aux fabricans d'avoir de la tenue et de ne
pas céder, entre l'ouvrier qui souffre la faim et le fabricant
qui l'exploite, intervenir en faveur du dernier, voilà qui
est indigne!.... Cela ne méritait pas les applaudissemens
des centres et les félicitations de M. Barrot. (1)

(1) Je finissais à peine d'écrire ces lignes que les funestes événe-
mens de Lyon sont venus justifier la prévision de tous les bons citoyens.
Le gouvernement nous dira que des ouvriers faibles furent poussés
à la révolte par le parti républicain. A Paris comme à Lyon , ce sera
la république qui aura voulu soulever sa tête ; mensonge que tout
cela : sans doute il se mêle dans tous ces mouvemens des hommes
perdus comme il en est dans chaque société ; ils ont aigri les blessures
du peuple : c'est un crime pour eux; mais pour vous c'est un autre
crime de ne pas les guérir. La révolte de Lyon fut causée par votre
injustice envers les ouvriers ; vous avez pris contre eux le parti des
fabricans ; vous n'avez rien fait pour améliorer leur sort ; bien au
contraire, vous leur avez défendu de s'associer.

Nous avons encore observé , dans le cours de la discussion, quelque chose d'assez piquant, c'est le discours d'un jeune professeur de philosophie, de M. Jouffroi. Personne, d'après lui, ne connaît les vœux et les besoins du peuple ; le gouvernement et l'opposition sont tous deux incapables de nous expliquer le malaise qui nous tourmente : cela posé, M. le professeur vote pour qu'on mette des armes puissan tes entre les mains d'un pouvoir aveugle. Bien conclu !

Maintenant, rendons justice à qui elle est due. Quel-

Quant aux troubles de Paris, je ne les comprends pas. On a élevé des barricades le soir du 13 avril sans que personne s'y soit opposé. Le lendemain personne ne s'est présenté pour les défendre ; seulement il a fallu forcer, dans des maisons, quelques 150 insurgés , et la plupart ont été passés par les armes avec les malheureux dont ils avaient envahi le domicile, filles, enfans, vieillards. Est-ce là les républicains dont vous nous faites tant de bruit et qui font mouvoir contre eux des armées grandes à conquérir des empires? Pendant que dura l'action on les traita comme des pillards et des assassins. On en triompha plus tard comme d'un puissant parti ; il y eut du danger et de la gloire pour tout le monde ; on a même parlé d'un banquet.

Prenez-y garde : quand vous aurez passé des revues, voté des lois terribles et bu long-temps à votre gloire , les ouvriers de Lyon n'en seront pas plus calmes et plus heureux. Au milieu du banquet, le frère viendra vous demander son frère. Guérissez les plaies profondes de la patrie ; cherchez la cause de nos maux afin d'y porter un remède ; au nom du ciel, faites voyager en France vos économistes , au lieu de les envoyer outre-mer.

Vous êtes triomphans parce que l'armée et la garde nationale sont toutes dévouées à l'ordre, et que l'ordre c'est toujours le pouvoir jusqu'à preuve du contraire, c'est-à dire jusqu'au jour des révolutions. Mais ne craignez-vous pas que l'armée ne se lasse d'avoir sur ses uniformes des taches de sang français? Depuis Marengo, Friedland, Austerlitz, Iéna ; depuis Navarin, Alger, il faut à l'armée des victoires dont les noms puissent s'inscrire sur les drapeaux ; et quels noms que ceux-ci : Grenoble, la Croix-Rousse, Saint-Merri , Transnonain, en attendant les autres!

ques orateurs de l'opposition ont abordé la question avec autant de noblesse que de talent. M. Pagès, de l'Ariège, a montré une supériorité de vues qu'aucune intelligence ne domine, une indépendance de caractère qu'aucune corruption n'atteint; il a prouvé qu'il était d'un pays où il y a des hommes et du fer. Sa pensée généreuse, formulée dans un style énergique et franc, respire, à chaque mot, la liberté des montagnes. Ajoutons, s'il est possible, quelques réflexions aux paroles éloquentes d'un homme qui représente si dignement son pays. J'ai médité sur le sujet, le temps et la réflexion auront sans doute apporté leur tribut. D'ailleurs, bien que la discussion se soit longuement prolongée, l'on a débattu les personnes beaucoup plus que la question.

On nous a dit, à la tribune nationale, que l'homme était sociable. L'expression est bien faible; elle sent fortement son contrat social. Non-seulement l'homme est sociable, mais c'est une nécessité pour lui d'être en société; c'est dans la société seule qu'il peut arriver à son développement intellectuel et physique, elle est son état naturel; enfin l'homme n'est pas possible hors de la société. Dieu n'a pu révéler la parole sans révéler à la fois la morale et toutes les saintes pensées capables de réunir les hommes : partout où il y a société, il y a révélation, il y a droit divin; aussi le Christ ordonne d'obéir aux puissances en général, parce que, malgré toutes les modifications politiques, le pouvoir est nécessaire à la société.

Le pouvoir représente l'ordre : il est le résultat du plus ou moins d'application des principes révélés dans la société qu'il gouverne. Il lui représente à la fois tout ce qu'elle a de moral dans son sein, et par sa corruption, sa tyrannie, par tout le mal qu'elle souffre, il l'avertit du bien qu'il lui reste à faire. On admire assez généralement les pouvoirs qui créent; la raison en est claire : ils sont alors la manifestation d'une pensée morale qu'on avait injustement comprimée. Tout ce qu'il y a de bien acquis ils le conservent ; mais ils sont ennemis du progrès, ils font ordinairement tout le mal que la société qu'ils régissent peut supporter. Que faut-il conclure de ces vérités? C'est que la société seule a le droit de changer ses gouvernans, lorsqu'elle se moralise, parce qu'elle seule en a le pouvoir, comme aussi, lorsqu'elle est assez faible pour subir le joug, personne n'a le droit de briser des chaînes qu'elle aime ou qu'elle ne peut pas soulever. Le précepte d'obéissance aux pouvoirs ne s'adresse qu'à l'individu. Les efforts d'un homme seul pour le bien et le mal sont un crime, car ils sont impuissans pour changer l'ordre établi sur la faiblesse ou la force de tous. Brutus et Ravaillac se ressemblent politiquement parlant; l'un ne fit pas revivre la liberté, l'autre ne tra pas la monarchie, tous deux commirent un grand crime.

L'homme qui vit seul est inutile ou dangereux : il est faible, vicieux, stupide ; rien de plus mesquin, de plus ridicule, de plus bas que l'individualité : tous ceux qu'on voit abandonner la société de leurs semblables, pour se tenir à l'écart, sont également immoraux, car c'est un devoir aussi pressant de supporter les faiblesses des hommes que de supporter leurs vertus. Si les misanthropes n'abandonnaient pas la défense de la morale et du bon droit, les scélérats auraient moins d'avantage pour les attaquer. Il y a complicité dans l'égoïsme de tous ces gens-là. Etudiez ces individus dans leur isolement, ce sont des hommes mutilés, flétris, incomplets, ils finissent toujours par le suicide ou l'échafaud, tant il est vrai que l'homme seul n'est pas possible!

Mais, dès qu'il entre dans la société, la connaissance du bien et du mal qu'il acquiert, lui donne une conscience, le désir d'être estimé par ses semblables qui, selon Pascal, est le plus grand mobile de la vertu, développe en lui tout ce qu'il y a de grand et de véritablement social ; alors les effets que la réunion des hommes opère sur chaque individu, produisent la civilisation, ce grand travail de l'humanité qui se conserve et se reproduit elle-même.

Toutefois, il est des sociétés au sein desquelles l'œuvre de la civilisation est si grande et se diversifie tellement, selon les rangs et les fortunes des citoyens, qu'il leur est indispensable de se fractionner en associations pour défendre leurs droits que les gouvernemens méconnaissent, ou pour accomplir des œuvres d'humanité qu'ils négligent. Il est impossible aux pouvoirs politiques, absorbés par l'administration et le maintien de l'ordre, de suffire à toutes les nécessités sociales : l'œuvre de progrès et d'humanité s'accomplit ordinairement sans leur intervention et souvent malgré tous leurs effort pour l'arrêter, ce qui fait dire aux Italiens que le monde va tout seul, parce qu'ils ne voient, dans la société, que l'action brutale du pouvoir.

Les gouvernemens de Rome et d'Athènes, resserrés dans les limites d'une ville, accomplissaient l'œuvre sociale tout entière. L'ordre politique et social étaient confondus, l'homme n'avait de droits que ceux qui lui étaient conférés par la loi, la loi le fesait homme, citoyen, la loi lui donnait des dieux, une famille, une cité. Dès-lors, l'association partielle n'avait pas de but moral hors de l'association générale, elle était privée de tout moyen pour se former, tout changement s'opérait par la révolte, et ces peuples, à l'étroit dans leurs constitutions, comme dans une arène fermée de toutes parts, s'agitaient dans un cercle vicieux et se précipitaient sans cesse de la licence à la tyrannie.

Mais alors que parut le christianisme, un horizon immense se déroula soudain aux yeux étonnés des nations : les peuples qui marchaient dans les ténèbres furent convoqués à voir le spectacle magnifique du soleil levant. On dit aux hommes qu'ils étaient égaux et libres. Voilà le noble but qu'il faut atteindre. On leur apprit qu'ils étaient frères et qu'ils devaient s'unir, on leur apprit que là où plusieurs hommes étaient réunis au nom de Dieu, Dieu était au milieu d'eux, et la charité fut le moyen qu'employèrent les hommes pour arriver à la liberté. Dès que le Christ eut proclamé les droits de l'homme indépendans de sa place dans la cité, l'association dut alors se former, selon la position sociale de chacun, parmi des hommes qui étaient les enfans d'un même Dieu ; ainsi, l'association est sainte ; elle est chrétienne, elle est née dans les catacombes.

Autrefois la pensée religieuse, au lieu d'être civilisatrice, était l'auxiliaire de la force brutale, la religion était un moyen de gouverner, l'augure était au service du consul ; mais, sous la loi chrétienne, César est chassé du temple ; la pensée morale va seule, elle domine la force matérielle.

Rome païenne et la Grèce accablent aisément leurs esclaves, qui sont isolés l'un de l'autre. Ces malheureux ne se révoltent qu'au moment où la servitude est si cruelle que l'obéissance leur est impossible. — L'Évangile est publié : les serfs s'associent, mettent en commun leurs misères, et se préparent à la liberté, qui est leur droit. Enfin tous les hommes, quelle que fût leur position, unis déjà comme chrétiens, durent naturellement être rapprochés par ce qu'il y avait de commun dans leurs souffrances et leurs désirs.

Tous les progrès que les peuples ont faits vers une meilleure organisation sociale et politique, tous les travaux les plus pénibles dans les lettres, dans l'agriculture, toutes les entreprises de miséricorde furent exécutés par les associations, et cela, sans le secours des gouvernemens, presque toujours égoïstes et corrompus. Les beaux-arts, le commerce et toutes les industries obtiennent rarement protection et secours ; la pauvreté, l'ignorance, la corruption, plaies affreuses de l'humanité, excitent rarement leur sollicitude ; dans l'ordre social, ils étudient nos besoins et nos passions pour établir les bases de l'impôt ; dans l'ordre politique, ils compriment la manifestation de tout noble sentiment qui met leur existence en péril.

Cependant les associations ont rempli des missions glorieuses et saintes, malgré leur indifférence ou leur haine. Ce sont elles qui ont péniblement opéré la rédemption des captifs, elles qui nous ont transmis les chefs-d'œuvre de la littérature païenne, et recueilli les matériaux pour l'histoire des siècles les plus inconnus ; elles qui ont défriché les terres incultes, elles enfin qui ont réalisé la morale chrétienne. En dépit de tout esprit philosophique, il faut le reconnaître, les universités, les couvens, les confréries,

les corporations, etc., etc., nous ont faits ce que nous sommes. Les grandes compagnies n'étaient autre chose qu'une
association de gens de toute espèce, sans moralité, sans
foi, sans loi, que le seul fait de leur réunion, dans le but
de défendre le territoire, avait transformés soudainement en
armée nationale, car il est impossible aux hommes de se
tenir réunis sans qu'une grande pensée morale résulte de
leur association... Je ne parlerai pas des communes ni des
franchises des provinces, leur histoire est assez connue ;
mais les associations entre les marchands méritent d'être
rappelées, parce que leur but, quoique légitime, était
moins noble que celui des autres associations ; tandis que
ces marchands voyagèrent armés pour conquérir la liberté de leur commerce, contre tels ou tels barons qui leur
défendaient de passer sur leurs terres, ils furent utiles à la
société ; mais dès que la corporation eut atteint un certain
degré de perfection dans la fabrication des produits et la
liberté de son commerce, elle exploita ses conquêtes à son
unique avantage ; il se forma dans son sein de graves abus :
on admit des distinctions de grades, on établit certains de-
grés de hiérarchie qui consacraient l'exploitation des faibles par les forts. Quant aux associations politiques,
comme elles eurent à combattre mille tyrannies diversi-
fiées par les temps et les lieux, malgré l'identité du but et
des moyens, il n'y eut point de grande bataille gagnée. Ce
fut comme une guerre de partisans en faveur de la liberté.
Chacun eut ses succès et ses revers à part : c'était la faute
des temps. L'unité nationale et l'égalité parfaite, immen-
ses résultats de la révolution de 93, sauveront désorma s
les associations du défaut de conformation qui les vicièrent

en même temps qu'elles utiliseront leurs efforts. Ce fut une œuvre impossible autrefois. Chaque commune et chaque province put conquérir l'ordre social que réclamait ses mœurs; mais comme elle fut obligée d'accomplir l'œuvre en son temps et son lieu, on ne put établir en France un ordre politique en rapport avec l'ordre social. A mesure que les communes s'affranchirent, elles se virent obligées d'avoir des protecteurs; elles étaient comme autant d'individus libres sans doute, mais qui ne se connaissaient pas. Fortes dans l'isolement contre une tyrannie qui était à leur taille, ce même isolement les rendit esclaves et faibles en face du pouvoir unique qui avait renversé, par leur secours, toutes les petites tyrannies.

Mais alors que la royauté ne se souvint plus de son origine populaire, après qu'elle eut trôné long-temps insouciante et luxurieuse, jouissant du pouvoir au lieu de l'utiliser à nous donner des lois organiques, aussitôt qu'elle voulut être, en France, ce qu'un vieux seigneur féodal était dans ses terres, et gouverner un grand empire comme une petite baronnie, les mêmes vexations amenèrent les mêmes révoltes, et la liberté de tous naquit de l'oppression commune : l'unité de la tyrannie causa l'unité de la rébellion, et 93 sonna.

Ce ne fut pas une révolution, ce fut une grande vengeance. Servitudes et libertés, tout périt dans un même naufrage. Associations de toute espèce, priviléges des villes et des provinces, biens et libertés des communes, tout cela fut abandonné sans regret. Que faire de ces vieilles franchises qui n'avaient pu servir de rempart contre la tyrannie ?

Les diverses fractions de la grande société française ayant conquis, à part et chacune dans sa sphère, la somme de liberté compatible avec son ancienne position, brisèrent spontanément le cercle de fer qui les avaient renfermées pour se réunir en une grande nation ; ainsi, les divers corps d'une armée qui marchent au lieu du combat pendant la nuit et par des chemins différens, abandonnent leur position respective aussitôt que le jour parait, et viennent se ranger en un seul ordre de bataille.

Toutefois, il ne faut pas se le dissimuler, alors qu'un peuple brûle toutes ses lois, s'insurge contre le passé et recommence son existence sociale en proclamant les droits de l'homme et l'existence de Dieu, ce peuple fait preuve d'une audace inouïe ; il donne aux autres nations un exemple dangereux, et pas une des sociétés anciennes ou modernes qui pût s'administrer sans périr une aussi forte dose d'esprit révolutionnaire. 93 a creusé si bas les fondemens de l'édifice social, qu'ils parurent long-temps n'être qu'un abîme. Tout un sénat d'hommes énergiques, puissans par la parole et la volonté, vint tomber dans ces fondemens sans que le sol se raffermît, et qu'on pût bâtir sur leurs cadavres. Il fallut encore que Curtius se précipitât tout armé dans le gouffre pour le combler.

Toutes les nations avaient mis un peuple hors la loi : elles lui forgeaient des chaînes ; mais il fallut fondre des canons, car un soldat avait tiré l'épée pour prendre la défense de ce peuple. Il lutta seul avec sa poitrine et ses bras de géant contre une masse compacte de nations qui se ruaient sur la France ; il usa leurs forces et les fatigua par de grands combats de chaque jour ; il porta la liberté chez tous ceux qui nous préparaient l'esclavage ; il répandit la France sur l'Europe, qui voulait tomber sur nous de tout son poids. Mais, placé malheureusement entre la liberté qui le poussait et les rois, ses rivaux, le despote national devait périr. Cependant, lorsqu'il se retira du combat, dédaigneux de la fortune et de la gloire qui l'abandonnaient après s'être prostituées à lui, il nous laissa des ennemis tellement fatigués qu'ils n'eurent pas la force de déchirer leur proie. Ils crurent avoir tant fait après l'avoir dompté qu'ils s'arrêtèrent ; mais il n'y avait qu'un homme de moins : la France était sauvée, la Providence était parvenue à ses fins, et le peuple révolutionnaire, qui devait être rayé de la liste des nations, reprit sa place pour marcher bientôt à leur tête. Il a protesté de nouveau contre le passé, deux fois il s'est proclamé libre au-dehors. Cette œuvre est accomplie maintenant, il n'a plus qu'à s'organiser dans la liberté et dans les mœurs nouvelles qu'il s'est faites ; tel est le but, voici les moyens de l'atteindre.

Ce qui fait vivre notre gouvernement, quoiqu'il ne soit pas en rapport avec nos mœurs, c'est une administration puissante, ouvrage de Napoléon, qui imprima la force à tout ce qu'il toucha. En lui se résumait toute la puissance morale de son siècle, et, maintenant qu'il a disparu, chacun a repris ses droits de citoyen. Malheureusement, nous ignorons encore quels sont les moyens les plus légitimes d'exercer nos droits : nous ne sommes pas faits à l'usage de toutes nos facultés. Que d'intentions louables pour opérer le bien public restent inertes, par cela même qu'elles ne sont pas réunies en un faisceau et formulées dans une seule parole ! Mais dès que la force morale, qui existe dans notre société , pourra s'organiser en face du pouvoir, nous la verrons unique , souveraine. Si quelques intrigans profitent de notre faiblesse pour faire du gouvernement, c'est que nous ne sommes en France que des individus. La république et l'empire , après avoir brisé les associations de tout genre qui fractionnaient la nation selon les classes et les localités, ont encore affaibli la famille , non-seulement par la loi du divorce, loi funeste que la corruption des grandes villes et des hautes classes peut seule motiver , mais encore en nous arrachant avant l'âge des bras de nos parens pour nous faire soldats ou citoyens ; ce fut une nécessité des temps. Je ne leur en fais pas un reproche ; mais aujourd'hui que la nécessité a disparu, je trouve que c'est un grand malheur que nous entrions dans la société sans passer par la famille. La France est sous l'influence des grands principes qu'elle a conquis et proclamés par ses révolutions de 93 et 1850 , mais elle ne s'est pas encore organisée dans sa conquête, et nous sommes plus semblables à une agglomération d'hommes qu'à une société : voilà tout le mal.

Ne vous étonnez plus maintenant si notre siècle est le siècle de l'égoïsme. L'homme seul ne peut aimer que lui ; privé de tout secours , de tout appui que lui garantisse l'avenir, n'ayant personne qui l'aide à se faire un sort, il doit se replier tout entier sur lui-même.

Pourquoi sommes-nous si corrompus , bien que la morale , la religion et l'honneur soient respectés dans l'opinion publique ? Parce que, dans une nation de quelque trente millions d'individus, on peut aisément cacher ses actions, perdu qu'on est dans une foule immense. L'instruction se fait partout , dans le collége et dans le monde , l'éducation et la moralité ne se donnent nulle part. On est rarement sous l'influence d'une réunion d'hommes dominés par une. grande pensée , et toutes nos relations sont tellement insignifiantes, qu'elles ne nous obligent pas à nous enquérir de la moralité des individus qui nous approchent. Ainsi, le vice est facile parce qu'on peut s'y livrer sans honte , et la vertu trop pénible , car. on la pratique sans honneur.

Pourquoi la jeunesse est-elle turbulente et trop inquiète? Parce qu'elle grandit seule , parce que personne n'exerce sur elle un patronage salutaire. Quelques hommes la flattaient autrefois pour s'en servir , ils l'appelaient studieuse et pensante ; plus tard ils l'ont traitée de révolutionnaire et de folle; mais comme toutes les carrières lui sont fermées et que les générations d'égoïstes qui la précédent ne lui témoignent aucun intérêt , elle se verra contrainte de les renverser si elles ne lui ouvrent pas un chemin.

Je défie que, dans aucun siècle, on trouve, comme dans le nôtre , autant d'immoralités en évidence. Expliquez-moi donc pourquoi quelques-uns de vos poètes se vendent au pouvoir ou bien à l'égoïsme? Pourquoi vos fonctionnaires sont plus dévoués au maître qu'à la loi? Pourquoi l'on reproche à vos députés la corruption, à vos pairs la servilité? Pourquoi? Parce que le pouvoir a les moyens de circonvenir tous ces individus un à un , sans qu'ils puissent opposer à la séduction l'énergie qu'on puise dans l'assentiment de nombreux amis , parce que rien autour d'eux ne leur inspire la pudeur du talent ou la dignité de leurs emplois, et que l'opinion publique ne les serre pas d'assez près pour les forcer à marcher le droit chemin ; parce qu'enfin , il faut à la fois science et probité dans ceux qui veulent influencer une association d'hommes ; tandis que l'ambition, qui a besoin de se faire accepter par des individualités supérieures, est obligée de se tordre , de se ployer dans tous les sens , d'être astucieuse , basse et rampante. Le défaut d'association causera toujours de mauvais choix dans l'élection de vos députés , parce que l'isolement dans lequel se tiennent les électeurs , donne aux intrigans l'avantage de les influencer l'un après l'autre , et de les attaquer avec succès ; mais s'il y avait association parmi les hommes qui forment la majorité ou une minorité imposante , il résulterait de toutes ces réunions , la manifestation d'une pensée morale, et celui qui se présenterait dans les colléges électoraux organisés de cette sorte , devrait être digne et capable de représenter cette pensée.

Enfin , le mal produit par l'individualisme est tel , que si le gouvernement , cette grande administration de police et de finances , dominait seul notre pays pendant quelques années , sans que nulle puissance morale ne s'élevât pour la combattre et lui faire une juste opposition , nous devrions désespérer de la prospérité publique , et pour bien long-temps encore ajourner le repos et la gloire.

Le remède à tous ces maux que nous venons d'exposer , est dans les associations et rien que là. La corruption et l'égoïsme disparaîtront avec elles ; l'égoïsme , parce que l'individu, se voyant appuyé, pourra compter sur l'avenir et s'oublier un moment lui-même ; la corruption , parce que les regards d'un public connu tiendront en respect les mauvaises passions de chacun, et que pour avoir rang au milieu d'une réunion d'hommes associés dans un but louable, il faudra leur garantir sa loyauté par une noble conduite. Le fait seul de l'association modifie l'individu à tel point, que les brigands eux-mêmes, dans leurs sociétés formées pour le crime, se soumettent les uns envers les autres à des lois de probité et d'honneur mille fois plus sévères que celles qu'ils abandonnent et qu'ils outragent.

L'association politique de nos jours est un progrès immense vers l'ordre et la liberté : 93 n'a pas pu le comprendre. Dans le système d'opposition aux gouvernemens par émeute et par révolte soudaine, c'est le désordre qui lutte contre l'injustice ; dans le système d'association, c'est l'ordre qui s'établit avant que de lutter contre le désordre gouvernemental, c'est la morale qui s'organise en état de défense contre un pouvoir corrompu. Les citoyens qui mettent en commun leurs biens, leurs espérances, leurs désirs et leurs volontés dans le but de défendre l'indépendance de la presse ou quelques autres de nos libertés acquises, sont pleinement dans leur droit, et les révolutionnaires, ce sont les gouvernans qui les attaquent. Plus de révolution possible, alors qu'il se formera de grandes associations pour la défense de chacune de nos libertés. Si la nation peut s'asseoir dans ses mœurs, s'établir ferme dans ses lois, il n'y aura plus que des changemens de ministère. Voyez comme les sociétés politiques, formées sous la restauration, quoique restreintes dans des limites bien étroites, ont fait succéder spontanément à la révolution de juillet une organisation gouvernementale déjà préparée ! Ce fait nous explique la crainte qu'inspirent les associations aux hommes que les associations poussèrent au pouvoir ; ils préféreraient les émeutes, et, certes, ils ont raison. Les temps de calme mettent à découvert la nullité politique de nos hommes d'état : on leur demande des améliorations , des économies, des lois organiques, qu'ils nous ont promises, et cette œuvre répugne à leur médiocrité comme à leur mauvais vouloir. Mais lorsqu'ils ont sous la main une petite république en disponibilité, espèce de fantôme que personne n'a vu, et qui vit dans les têtes peureuses, géant de carton, barbouillé d'encre et de sang, qu'ils promènent quelquefois dans la rue pour effrayer les bonnes gens, gouverner est facile alors, on peut se donner, deux ou trois fois l'année, le plaisir de sauver l'état; on peut sans trouble acquérir la gloire hebdomadaire de renverser l'hydre de l'anarchie.

Mais la nation commence à se lasser de voir quelques individus s'agiter sur un point de son territoire, et jouer entre eux son avenir. Si je ne me trompe, tous ces émeutiers et tous ces sauveurs l'importunent. Il y a dans la fierté d'un grand peuple une conviction nécessaire qui lui dit que sa destinée n'est pas en d'aussi faibles mains ; les honnêtes gens prendront enfin leur parti, c'est d'annihiler par l'association l'arbitraire et la révolte, et ce moyen est sûr.

Nos hommes d'état s'obstinent à garder dans leurs mains une administration despotique dont la direction est au-dessus de leurs forces , et nous devons empêcher tout le mal qui peut nous advenir de ces petites prétentions à la tyrannie. Comme un coup de main peut suffire à renverser ce gouvernement qui veut courir les chances des gouvernemens absolus, il faut que l'émeute nous trouve si bien organisés qu'il lui soit impossible de troubler l'ordre social dans lequel nous nous serons établis. Retranchons-nous dans nos droits ; que de grandes associations se forment d'un bout de la France à l'autre pour le maintien de nos libertés publiques : bien que des associations fractionnent la France, elles ne la diviseront pas, puisqu'elles ne seront possibles qu'en ayant pour but la défense d'un droit national ; et alors que nous serons organisés ainsi dans la légalité , il nous importera fort peu qu'une émeute renverse un pouvoir insignifiant. Si c'est, au contraire, le pouvoir qui demande des lois arbitraires , complément nécessaire de son administration toute despotique, il nous trouvera prêts à la résistance; s'il essaie de nous épouvanter en nous menaçant de 93 et de ses tribuns *in partibus*, comme nous serons associés, j'espère que nous n'aurons pas peur. Nous pourrons lui rappeler, en riant, que les moines des onzième et douzième siècles annonçaient la fin du monde comme très prochaine pour dominer les peuples ignorans et leur allumer dans le sang la fureur des aumônes et des donations ; ils comprendront, peut-être, que les temps sont un peu changés.

Toutefois , il faut être prévoyant et juste. On ne doit pas laisser sans défense le pouvoir préposé pour maintenir l'unité nationale. L'or que manient les gouvernans réveillera toujours les cupidités. Les places du château , depuis la loge du portier jusqu'au fauteuil du trône, stimuleront toujours les ambitions : dès qu'un gouvernement est investi de la confiance d'une nation , il doit avoir la faculté de se défendre contre les conspirateurs , et cette loi serait sage qui lui conférerait le droit de dissoudre toutes les as-

sociations dont le but avéré ou prouvé par jugement, serait de troubler l'ordre établi; mais la loi votée par la
chambre des députés est une loi funeste, elle a profondé-
ment blessé tous les bons citoyens; car elle ne retombe
que sur eux. Qu'importent vos lois à qui veut vous renverser, vos lois et vous? La conspiration est-elle plus difficile? Êtes-vous plus redoutables parce que vous avez
proscrit vos ennemis? Les anathèmes ne tuent pas, et vos
adversaires ne craignent que vos armes; mais ceux qui
veulent des modifications par les moyens que la loi donne,
ceux qui comptaient établir la liberté sans sortir de l'ordre,
et l'ordre sans blesser la liberté; ceux qui n'étaient que vos
opposans, vous les forcez à devenir vos ennemis mortels;
car il n'est aucun moyen de n'être pas révolutionnaire
avec des hommes tels que vous. Cette république qui par-
tage les terres et coupe des têtes ne nous effraya jamais,
parce que nous n'y croyons pas; mais nous croyons, certes, à la corruption, parce qu'un pouvoir habile, qui pos-
sède tous les moyens de séduire, argent, places, hon-
neurs, peut se faire une majorité prostituée et fausser aisément toutes nos institutions. Le droit de s'associer nous
semblait être l'unique remède à cette plaie profonde, et
voilà qu'une loi nouvelle vient de poser entre le pouvoir
et ce droit de tous une question de vie et de mort! Mais ce
droit de tous l'emportera, parce qu'il est imprescriptible,
et la loi doit succomber, parce qu'elle est antisociale, impolitique et inexécutable.

Votre loi est antisociale, parce qu'elle abolit un droit
naturel. Nier le droit d'association, c'est nier la société.
Ne dites pas que votre loi règle l'usage de ce droit, comme
celui de tous les droits naturels; car elle déclare que le
fait seul de l'association est un délit. (Art. 2.) Les hommes
qui ont exercé le despotisme le plus aveugle et le plus

brutal, les empereurs romains, les Néron et autres persécuteurs de chrétiens, ne les condamnèrent jamais, par cela seul qu'ils étaient associés entre eux ; ils les condamnèrent, parce qu'ils étaient convaincus de vouloir renverser les lois et la religion de l'empire, et qu'on les accusait de plusieurs autres crimes. Trajan défend expressément à Pline le jeune de les condamner comme chrétiens, c'est-à-dire, comme gens fesant partie d'une association étrangère à la société payenne. Il veut qu'ils soient reconnus coupables d'un délit, et que le supplice, qui est un fait, soit la punition d'un autre fait bien constaté. Il n'en est pas ainsi dans votre loi. Vous punirez la simple volonté qu'un individu manifestera d'être membre d'une association quelconque, manifestation qui suffit ordinairement pour être admis dans son sein... Ainsi, vous le voyez, ces despotes entendaient la justice et la liberté mieux que vous.

Votre loi est impolitique, parce qu'elle est inconstitutionnelle et antinationale. Une loi qui attaque la liberté individuelle garantie par la constitution politique, et qui rend vaines toutes les libertés qu'on ne peut exercer utilement que par l'association ; une loi qui enlève les citoyens à leurs juges naturels, et qui paralyse l'exercice de tous nos droits, cette loi, je le pense, est inconstitutionnelle.

Une loi que les représentans de la nation déclarent avoir été imposée par la sainte-alliance, et que nos ministres ont empruntée aux codes étrangers, cette loi est antinationale. Cependant, il était un peuple voisin, libre comme nous, qui pouvait leur offrir d'utiles instructions sur cette matière ; mais quoique la conformité de mœurs et de constitution dût attirer l'attention de nos législateurs sur les lois de ce peuple, ce n'est pas aux chartes de l'Angleterre qu'ils ont emprunté le texte et l'esprit de leur loi.

Enfin, votre loi est un scandale si nouveau, qu'elle n'est pas possible. Voyez où vous êtes réduits! comme les matériaux vous manquaient pour bâtir l'absurde, il a fallu créer le délit et le juge. Les associations étaient légitimes, il a fallu que le seul fait de s'associer fût un crime! Le juré vous effrayait; vous avez transformé la cour des pairs en tribunal, vous, qui pouvez la modifier à votre gré! Mais nos mœurs ne se prêteront pas à toutes ces exigences, et, malgré vos lois arbitraires, le droit nous restera.

Cependant, vous croyez nous faire une belle grace, et nous fermer la bouche quand vous nous dites : Nous sommes des philantropes, nous, de grands philantropes; associez-vous pour accomplir des œuvres d'humanité; faites à huis-clos de la petite littérature; toutes les fois que le but d'une association sera moral, on vous autorisera.

Il y a dans votre droit d'association une immoralité d'indifférence, une insolence de protection qui nous révolte, parce qu'elle nous humilie. Ah! vous nous autorisez, messieurs!... Et depuis quand les hommes d'honneur sont-ils obligés d'être patentés en France? Il vous sied bien de vous immiscer dans des associations d'humanité; il vous sied bien de pénétrer des mystères de bienfaisance que la pudeur des honnêtes gens veut cacher! Vous ne trouverez pas en France des hommes assez vils pour vous demander l'autorisation d'être généreux. Quelle honte pour l'humanité, si vos lois, qui n'empêchent pas le crime, pouvaient intimider l'honneur et la vertu! Lorsqu'on est coupable d'un crime, on peut alors s'adresser à vous; qui tue peut épargner, le crime est sous votre dépendance, et c'est à vous de savoir jusqu'à quel point vous pouvez le punir. Mais un acte de dévouement et une bonne action ne vous regardent pas; vous ne pouvez ni les comprendre ni les récompenser, parce qu'ils viennent du fond de la conscience, et qu'ils s'en vont à Dieu.

Comment vous ferait-on accepter une œuvre de civilisation, à vous qui n'avez pas l'intelligence de nos besoins? Comment vous ferait-on comprendre l'avenir, à vous qui trahissez le présent? Mais si l'on vous demande l'autorisation de secourir les ouvriers sans travail, de les éclairer sur leurs devoirs et leurs droits, travaillés que vous êtes par la peur, cette maladie honteuse de l'égoïsme, vous verrez partout des conspirations républicaines; vous croirez à la révolte, parce que vous êtes faibles; vous ne croirez pas au bienfait, parce que vous ne le comprenez pas.

Il appartenait à un gouvernement comme le notre, de réunir dans la même disposition légale les associations de pure humanité et celles qui vivent des spéculations les plus infames. Je me trompe; il autorise les sociétés de bienfaisance, il protège les maisons de jeu!...

Mais après tout, que nous importe votre loi? Qu'importe à l'avenir qui vient vos petites passions et vos grandes espérances? Vous êtes médiocres jusque dans vos haines, et vous n'oserez pas tout ce que vous voulez. Le siècle est grand, d'ailleurs, et les temps ne sont plus où les vertus et les vices de quelques hommes changeaient le sort des nations. Il vous reste encore quelques années de vie politique, peut-être; vous pourrez lutter avec plus ou moins de succès contre l'esprit du temps; mais il faudra céder. L'homme n'a pas de droits contre l'humanité : chaque jour la civilisation s'opère malgré vous, et selon l'expression de Bossuet, le soleil achève sa course, et la lumière va son train.

www.ingramcontent.com/pod-product-compliance
Lightning Source LLC
Chambersburg PA
CBHW071413030726
47594CB00006B/2431